Lk 7/119

RAPPORT

SUR LA

CATHÉDRALE D'ALBI.

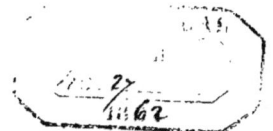

RAPPORT

SUR LA

CATHÉDRALE D'ALBI

ADRESSÉ, EN 1842,

A SON EXCELLENCE

M. LE MINISTRE DE LA JUSTICE ET DES CULTES,

EN RÉPONSE A SA CIRCULAIRE DU 10 AOUT 1841,

RELATIVE A LA DESCRIPTION STATISTIQUE DES ÉDIFICES DIOCÉSAINS
DE LA FRANCE.

ALBI,
IMPRIMERIE DE MAURICE PAPAILHIAU.

1862.

Ce Rapport date du mois de mars 1842. Il fut fait sur l'invitation de Mgr de Gualy, alors archevêque d'Albi, et adressé à Son Excellence M. le Ministre de la justice et des cultes (1).

Il était resté longtemps à l'état de manuscrit et comme oublié parmi nos papiers. Mais, depuis qu'un redoublement d'intérêt s'est porté sur l'église Ste Cécile, plusieurs personnes, qui savaient que ce Rapport existait, ayant témoigné le désir d'en prendre connaissance, nous avons cru pouvoir le faire imprimer : pensant d'ailleurs que, mieux conservé sous cette nouvelle forme, il pourrait être dans l'avenir un témoignage de plus de la constante sollicitude de nos archevêques pour l'entretien et la conservation de leur belle cathédrale.

Ceux qui le liront le trouveront sans doute très imparfait; ils reconnaîtront bientôt qu'il n'a pas été rédigé par un homme de l'art qui, en lui donnant le cachet de la langue architecturale, aurait encore fait mieux ressortir les beautés que renferme le monument que nous avons essayé de décrire.

(1) M. Martin (du Nord).

Quoi qu'il en soit, nous sommes heureux d'avoir eu l'occasion de faire une étude spéciale sur cette église qui a été toujours l'objet de nos affections et de notre admiration ; nous serions encore plus heureux, si nous osions penser que ce faible travail, joint à de plus hautes influences, a pu contribuer à amener les grands travaux de restauration que le gouvernement a ordonnés depuis, et qui, sous la direction de l'homme de génie (M. César Daly) auquel il les a confiés, promettent à cette Insigne basilique les réparations depuis si longtemps réclamées, ainsi que les embellissements les mieux entendus.

Ce Rapport étant publié dans son texte primitif, nous n'y parlons pas du zèle si influent que Monseigneur de Jerphanion, successeur immédiat de Mgr de Gualy, a déployé auprès du gouvernement pour obtenir les allocations de fonds nécessaires à la continuation des travaux, ni du concours puissant que lui ont prêté MM. les Préfets qui ont administré tour à tour le département, ni des démarches empressées qu'ont faites, dans le même but, MM. les Députés du Tarn ; nous l'accompagnons seulement de quelques notes, soit pour expliquer certaines expressions dont nous nous sommes servi, soit pour faire connaître divers changements qui ont été opérés depuis le commencement des travaux.

Albi, le 8 mai 1862.

B. CAMINADE,
Archiprêtre de la cathédrale.

RAPPORT

SUR LA

CATHÉDRALE D'ALBI

ADRESSÉ, EN 1842,

A SON EXCELLENCE M. LE MINISTRE DE LA JUSTICE ET DES CULTES,

EN RÉPONSE A SA CIRCULAIRE DU 10 AOUT 1841,

relative à la description statistique des édifices diocésains
de la France.

---

*A Son Excellence M. le Ministre de la Justice
et des Cultes.*

Parmi les édifices diocésains du département du Tarn, l'église Ste Cécile d'Albi occupe le premier rang. C'est une des plus belles cathédrales de la France, plusieurs disent, du monde chrétien.

Elle date du treizième siècle. Mgr Bernard de Castanet, évêque d'Albi, en arrêta le plan et en posa la première pierre, le 15 août 1282. Pour subvenir aux frais d'un ouvrage conçu sur d'aussi larges proportions, ce prélat ne compta que sur les libéralités de son clergé et sur

<small>Fondation
de
l'église.</small>

les offrandes des fidèles. Lorsqu'il mourut, les constructions étaient déjà à la hauteur de plusieurs mètres au-dessus du sol ; elles furent continuées par Bérald de Fargis, Jean de Saya, Guilhaume de la Voulte, Dominique de Florence, etc., tous successeurs de Mgr de Castanet sur le même siège épiscopal. Cependant, soit que les ressources devinssent, par intervalles, moins abondantes, soit que certaines causes d'agitation dans l'Albigeois fissent suspendre quelque temps les travaux, cette église ne fut entièrement terminée que l'an 1512 (1).

<small>Genre de son architecture.</small> Elle est toute bâtie en briques et dans le style gothique. Elle a, hors d'œuvre, 113 mètres 50 centimètres de longueur et 32 mètres 50 centimètres de largeur. Les murs ont 2 mètres 50 centimètres d'épaisseur ; ils sont flanqués, à des distances assez rapprochées, de contreforts demi-circulaires qui, en leur donnant plus de solidité, en font disparaître la monotonie. L'un de ces contreforts, terminé en flèche à l'extrémité orientale de l'édifice, s'élève à la hauteur de 7 mètres environ au-

---

(1) Quand nous disons que cette église ne fut terminée qu'en 1512, cela doit s'entendre de quelqu'une de ses parties accessoires qui sont, à l'extérieur : 1° le portail qui se trouve au bas du grand escalier, et qui est attribué à Mgr Dominique de Florence, deux fois évêque d'Albi (1379 et 1397) ; 2° le magnifique portique en pierre sculptée que fit élever Mgr Louis d'Amboise I, évêque d'Albi en 1473 ; à l'intérieur : 1° le chœur et le jubé, attribués aussi au susdit Louis d'Amboise I ; 2° les peintures qui recouvrent toute l'étendue des voûtes et des murs, et qui furent exécutées par les ordres de Mgr Louis d'Amboise II et de Mgr Charles de Robertet, son successeur. Ces peintures furent terminées en 1512, comme semble l'indiquer le millésime : MCCCCCXII qu'on lit dans une ogive de la voûte, au-dessus de l'orgue et du côté du nord.

Mais on doit penser que lorsque Mgr Guilhaume de la Voulte, évêque d'Albi en 1383, eut fait construire la dernière arcade de l'église et élevé le clocher jusqu'à la hauteur de la toiture *(Biographie des évêques d'Albi,* par M. H. Crozes), le bâtiment principal fut considéré comme terminé, et put être disposé pour l'exercice du culte longtemps avant même la consécration solennelle qui en fut faite, en 1480, par Mgr Louis d'Amboise I ; l'Histoire générale du Languedoc, en disant (tom. IV, p. 387) que Mgr de la Voulte *acheva le bâtiment de la cathédrale d'Albi,* confirme cette observation.

dessus de la toiture (1), et contient le timbre de l'horloge que possède cette cathédrale.

Le clocher, qui est situé à l'extrémité occidentale, a 74 mètres 64 centimètres de hauteur. Il présente, vers sa base, une forme quadrilatère. Il se rétrécit graduellement, en montant, pour donner place à de belles galeries en pierre découpée à jour. Il se termine par une plate-forme octogone qui a 86 mètres de surface (2). Plusieurs pinacles, garnis de crochets ou crosses végétales et placés à propos sur divers points de cette grande masse, lui communiquent une certaine élégance. *Le clocher.*

L'entrée principale de l'église est placée à l'aspect du midi et au milieu du bâtiment. On y monte par un escalier de 33 marches (3). Au bout de cet escalier se trouve une plate-forme sur laquelle s'élève un magnifique portique construit en pierre et sculpté avec une *Le portique.*

---

(1) Il entre dans le plan des travaux qui s'exécutent à la cathédrale, d'exhausser tous les autres contreforts conformément à celui dont nous parlons. Ce projet se trouve diversement apprécié : les uns y voient une modification heureuse, qui donnera plus de grâce et de majesté à l'édifice ; les autres, en conservant toujours la tourelle de l'horloge, aimeraient mieux que ces contreforts n'eussent été élevés qu'à la hauteur des murs avec lesquels ils ne font qu'un corps, et que la balustrade en pierre, découpée à jour et surmontée de plusieurs pinacles, qui doit couronner toute l'enceinte, eût suivi les sinuosités que décrivent lesdits contreforts dans tout le pourtour de l'église ; et cela d'après le modèle qu'en offrent deux des galeries du clocher, à l'aspect de l'ouest. Il leur paraît que ce système se serait mieux adapté à l'ensemble du monument à l'extérieur.

(2) On pense généralement que l'exhaussement des contreforts en clochetons pyramidaux provoquera tôt ou tard la construction d'une grande flèche sur cette plate-forme, attendu que la tour principale de cet édifice ne pourra guère rester avec une forme obtuse et comme étêtée à côté de 30 ou 32 tourelles terminées en pointe acérée.

D'ailleurs avec ce système « la hauteur de la grande tour n'est plus en » rapport ni avec la masse ni avec l'élévation du monument et des tourelles. » — *Travaux de restauration de la cathédrale d'Albi*, par M. H. Crozes.

(3) Voir, vers la fin de ce Rapport, l'article des dégradations n° 9.

délicatesse de goût, une variété et une perfection de dessin qui ne laissent rien à désirer. On croit qu'il fut commencé sous l'épiscopat de Louis d'Amboise Ier, qui avait fait construire le chœur, et qu'il fut continué par ses successeurs, Aimar de Gouffier, Duprat, et Jean de Lorraine : on voit les armes de ces trois prélats sculptées sur les parties supérieures de cet étonnant ouvrage.

L'ensemble du monument à l'extérieur est d'un grand caractère; il forme une masse colossale qui domine toute la contrée ; il pose au milieu des édifices les plus élevés de la cité comme pour les effacer et attirer à lui tous les regards.

Intérieur de l'église.

Mais il faut pénétrer dans l'intérieur si l'on veut éprouver un de ces sentiments d'admiration qui ne font que croître à mesure que l'on considère plus attentivement l'objet qui les a fait naître. Ce qui frappe d'abord c'est la beauté du vaisseau; il présente une longueur de 107 mètres 25 centimètres, une largeur de 28 mètres 28 centimètres, et une élévation de 30 mètres 25 centimètres du pavé à la voûte. Il n'a ni croix ni bas-côtés, ce qui semble encore en doubler l'étendue. L'œil se repose avec plaisir sur l'architecture simple, élégante et majestueuse tout ensemble qui règne dans toutes ses parties. Les murs sont décorés de pilastres prismatiques qui soutiennent la voûte : les arcades dont elle est formée, les nervures des ogives qui la sillonnent avec une si agréable symétrie sont si déliées, si délicatement profilées, jetées avec tant de grâce et de perfection, qu'elle semble suspendue dans les airs plutôt que posée sur un point d'appui.

Les chapelles.

Entre les pilastres s'ouvrent les chapelles. Elles sont au nombre de vingt-neuf. Elles se dessinent avec la même largeur et la même profondeur depuis la voûte jusqu'au pavé : on dirait un grand mur d'enceinte orné de profondes cannelures. Mais à moitié de leur hauteur elles sont coupées par des voûtes ogives, en avant desquelles sont placées des balustrades en pierre blanche, sculptée et percée à jour. Ces balustrades ont un mètre de haut; elles règnent, tout au tour de l'église, sur une même ligne horizontale et forment une galerie qui fait du plaisir à l'œil en donnant plus de noblesse à l'édifice.

Dans la partie supérieure des chapelles, c'est-à-dire au-dessus de la galerie dont nous venons de parler, se trouvent les fenêtres qui ont chacune 13 mètres 55 centimètres de hauteur et 1 mètre 59 centimètres de largeur. Au sommet elles sont toutes terminées en ogive, et l'intérieur de l'ogive est rempli par des rosaces en pierre percée à jour dans le style gothique *rayonnant* (1). Les fenêtres.

---

(1) D'après les observations des archéologues on distingue trois nuances, formant trois époques assez bien caractérisées, dans le style gothique ou ogival. On les désigne par les dénominations suivantes : le *style ogival primitif* ou *à lancettes;* le *style ogival secondaire* ou *rayonnant;* le *style ogival tertiaire* ou *flamboyant.*

Le *style ogival primitif* ou *à lancettes* commença vers la fin du 12me siècle. Il a été ainsi appelé, parceque l'ogive des arcs employés dans la construction des églises de cette époque était très aiguë et présentait comme la forme d'une *lance.* On cite, comme appartenant à ce style, plusieurs cathédrales en France et à l'étranger. On s'accorde à dire généralement que cette architecture gothique ou ogivale prit naissance sous l'inspiration chrétienne. Quand elle parut, elle fit d'autant plus de sensation qu'elle succédait, presque sans transition, au style romano-bysantin qui n'employait, dans les constructions, que les arcs à plein-cintre.

Le *style ogival secondaire* ou *rayonnant* commença vers la fin du 13me siècle et régna jusque vers la fin du 14me. Il a été ainsi appelé, parceque dans cette seconde période l'ogive étant devenue moins aiguë et ayant pris plus d'ampleur, elle reçut plus aisément, en ornementation, des *rosaces,* des *trèfles,* des *quatre-feuilles,* en pierre bien ciselée, qui formaient comme un *rayonnement* des plus agréables à l'œil. Ce n'est pas que ces ornements ne fussent déjà connus, observe M. de Caumont dans son *Histoire de l'architecture, au moyen-âge,* mais alors l'usage en devint plus général et de plus ils présentaient *un faire différent.* Nous croyons que notre cathédrale tient un peu de ce style. Il nous semble qu'on est fondé à le penser en considérant la forme des arcs de ses chapelles (celles du porche et de St Clair exceptées), de sa voûte, et de ses grandes fenêtres sur lesquelles surtout se montrent plusieurs caractères du style dont il est ici question : la *rosace,* le *trèfle,* le *quatre-*

La forme élégante et hardie de ces fenêtres est une des belles harmonies de notre église.

Le jubé. — Le jubé divise le vaisseau en deux parties presqu'égales. Il fut construit, ainsi que le chœur, par les ordres de Mgr Louis d'Amboise I*er*, nommé à l'évêché d'Albi en 1473. Il présente du côté de la nef une façade de 18 mètres de largeur et de 8 mètres 20 centimètres de hauteur. Les pierres dont elle est formée sont taillées avec tant de facilité et de délicatesse qu'elles semblent moulées plutôt que sculptées ; elles sont toutes transformées en

feuilles, les deux compartiments des vitraux, terminés à leur extrémité par une forme trilobée, bien arrondie, et non lancéolés comme ils l'étaient dans le style *primitif*, etc... Peut-être ces caractères seraient-ils plus répandus sur cette église si, au lieu de la brique, on avait employé la pierre dans sa construction, car on trouve cette empreinte dans l'amortissement de l'ogive des deux fenêtres de la première sacristie ; on la voit encore sur les galeries du clocher dont les balustres sont formés du *quatre-feuilles encadré*, moulure qui, d'après M. de Caumont, déjà cité, appartient au style secondaire ou *rayonnant*. Or, il est à remarquer que les trois endroits que nous venons de signaler, savoir : les grandes fenêtres de la nef, les deux fenêtres de la première sacristie et les galeries du clocher sont les seuls de cet édifice où l'on ait fait usage de la pierre à l'époque dont nous parlons. Du reste, nous n'affirmons rien ici d'une manière absolue ; nous faisons part seulement du résultat de nos observations personnelles ; et, comme en fait d'archéologie il est très peu de principes positifs et infaillibles, dans l'étude d'un monument de l'antiquité les opinions peuvent varier indéfiniment, sans préjudice aucun pour le sentiment d'admiration qu'il fait éprouver.

Le *style ogival tertiaire* ou *flamboyant* commença vers la fin du 14ᵐᵉ siècle et régna jusque vers le milieu du 16ᵐᵉ. On l'a ainsi nommé parceque dans cette troisième période les architectes prirent en fantaisie, dans la sculpture de la pierre, un genre d'ornementation différent du précédent. Ainsi dès-lors ce ne furent plus des *rosaces* avec leurs riches compartiments ciselés, ni des *trèfles*, ni des *quatre-feuilles* avec leurs lobes arrondis qui ornèrent les tympans des portes et l'amortissement des ogives, mais des moulures et des découpures en forme de *flammes* ou de *langues de feu* droites et renversées. Plusieurs parties de notre cathédrale appartiennent à ce style ; de ce nombre sont, à l'extérieur, le portail placé au bas du grand escalier et le baldaquin qui décore la grande porte d'entrée ; à l'intérieur, le chœur et le jubé, ainsi que les balustrades, en pierre sculptée, qui bordent les galeries établies au-dessus des chapelles. Ces balustrades, quoique d'une date plus récente que le chœur et le jubé d'après l'indication donnée par la *Monographie* de M. H. Crozes, p. 304, portent néanmoins les caractères du style tertiaire ou *flamboyant*.

feuillages, en guirlandes, en fleurs détachées, en festons, en dentelles, en petites pyramides percées à jour. Les six piliers qui soutiennent cette ravissante architecture sont entrecoupés de niches (malheureusement vides pour la plupart) et de clochetons aussi percés à jour : ils s'élancent au-dessus de la frise et de la galerie qui couronne ce magnifique ouvrage, à la hauteur de 1 mètre 50 centimètres, portant à leur sommet des chapiteaux en grillages et formant piédestal pour de grandes statues : ces statues ont encore disparu. Au bas de la façade sont trois grandes portes ; celles des deux côtés donnent

On a remarqué que cette troisième époque, malgré les nombreux chefs-d'œuvre de sculpture qu'elle produisit, à force de tourmenter en tout sens l'architecture ogivale finit par la faire disparaître entièrement. Voici ce que dit à ce sujet un écrivain de mérite : « Faiblesse de toutes les œuvres humaines!
» Le point le plus élevé de perfection dans les arts est le plus voisin de
» la décadence. A peine l'architecture chrétienne est-elle parvenue à son
» dernier terme, que déjà elle commence à décliner. Cet esprit inquiet qui
» poursuit et tourmente l'homme sans cesse, ce désir de faire toujours du
» nouveau, le porte à vouloir embellir les formes les plus pures en les sur-
» chargeant d'ornements. L'architecture est altérée ainsi dans ce qui fait son
» principal mérite, la grandeur, la pureté et la sévérité des lignes. Nous
» verrons bientôt comment, dès le quinzième siècle, la prodigieuse archi-
» tecture de la plus belle partie du moyen-âge a perdu quelque chose de
» sa gravité, de sa majesté. La profusion des sculptures, la prétention des
» feuillages découpés, la maigreur des moulures, le maniéré du travail,
» la sécheresse des lignes, tout annonce que les traditions se perdent, que
» le feu sacré pâlit et va bientôt jeter son dernier éclat et sa dernière étin-
» celle. Aux siècles de pleine et naïve foi succédaient des siècles d'inquié-
» tude, de doute et d'orgueil. On avait la prétention de tout réformer, arts,
» littérature, société; on osait même porter la main sur la religion!........
» Vers le milieu du seizième siècle, le style ogival, après avoir parcouru
» ses diverses périodes de perfectionnement et de dégénération, approchait
» de son terme. On l'abandonna entièrement pour reprendre le plein-cintre,
» oublié depuis si longtemps. Avant d'arriver aux formes pures de l'art grec
» et de l'art romain, il y eut dans l'architecture une espèce d'oscillation
» sensible par le mélange des formes des deux styles, ogival et classique.
» C'est proprement cette architecture de passage, de transition, qu'on a
» appelée *architecture de la renaissance* : commencée dans la première moitié
» du seizième siècle, elle ne se prolongea pas au-delà de ce même siècle. »
— *Archéologie chrétienne*, par l'abbé Bourassé.

entrée dans les couloirs de derrière le chœur. La fermeture de ces portes est en bois et à deux battans tout sculptés, percés à jour et ornés de petites statues.

La porte du milieu, qui est en tout conforme aux deux autres, est précédée d'un riche péristyle qui a 10 mètres de largeur et 4 mètres 20 centimètres de profondeur. Rien n'est plus hardi ni plus parfait que la voûte qui recouvre cet espace. Les pierres dont elle est composée décrivent une quantité innombrable d'arcs qui se terminent en culs-de-lampe ou pendentifs; elles sont si bien liées, si parfaitement unies qu'elles semblent n'être qu'un seul bloc. Dans les larges parois de l'arceau qui donne entrée dans le chœur, on voit à droite et à gauche un escalier en pierre doux et spacieux qui conduit sur la plate-forme du jubé. Dans les cérémonies pontificales le sous-diacre monte celui de droite quand il va chanter l'épître, et le diacre celui de gauche pour le chant de l'évangile. Dans ces grandes solennités le jubé est occupé par l'orchestre que dirige le maître de chapelle.

Le chœur. Le chœur, qui est aussi construit en pierre, a 36 mètres 80 centimètres de longueur et 10 mètres 19 centimètres de largeur. Ses murs qui ont 6 mètres 54 centimètres de haut, sont ouverts de chaque côté auprès des marches du sanctuaire par deux grandes portes, en face l'une de l'autre, et semblables à celle qui est sous le jubé; ils sont formés de 35 pieds-droits, à 2 mètres 2 centimètres de distance l'un de l'autre, un peu saillants à l'extérieur et ornés chacun à la moitié de sa hauteur d'une statue de 1 mètre 40 centimètres au-dessus de laquelle se trouve un clocheton découpé à jour. Ces statues sont d'un bon style et représentent les grands personnages de l'ancien testament. Les espaces entre les pieds droits sont remplis par des arcs ogivaux dont l'intérieur est orné de petits meneaux ou colonnettes qui vont s'amortir dans un réseau de moulures du style gothique *flamboyant* (1) : le tout bien sculpté, bien ciselé, et coupé à jour seulement dans la partie qui forme l'abside.

Le sanctuaire, à l'intérieur, présente le même genre d'architecture qu'à l'extérieur. On remarque tout autour douze statues qui représentent les douze apôtres, et derrière l'autel on voit une statue de la Vierge avec l'enfant Jésus, qui est, dit-on, un chef-d'œuvre de pose et d'expression naïve. La partie intérieure du chœur proprement dit contient 120 stalles sur deux rangs, disposées en amphithéâtre et adossées aux murs. Le rang supérieur est surmonté d'un lambris de bois de 1 mètre 13 centimètres de hauteur; il est orné de petits pilastres peu saillants. Au-dessus de ce lambris sont placées, à 52 centimètres de distance l'une de l'autre, des statuettes qui représentent des anges; elles sont sculptées avec une grande perfection et offrent toutes une physionomie différente et des plus gracieuses. Sur chacune de ces statues sont des clochetons percés à jour qui s'élèvent à la hauteur de 2 mètres 73 centimètres. En tête des stalles, du côté droit, se trouve le siège de Mgr l'Archevêque. Ce siège se compose d'une niche en pierre, sculptée dans le style de l'ensemble et surmontée d'une grande et majestueuse pyramide qui est formée elle-même par la réunion de nombreux clochetons percés à jour, au milieu desquels se trouvent semées et admirablement intercallées des armoiries, de petites niches et de petites statues.

Des écussons, des croix, des fleurs de lys également en pierre sculptée, et symétriquement placés, forment au-dessus de la corniche qui couronne toute l'enceinte une espèce de feston grave et sévère. De grands groupes

---

(1) Voir la note placée à la page 11.

de feuilles frisées, du sein desquels s'élèvent de petits obélisques, coupent ce feston d'espace en espace et ajoutent encore à la noblesse de ce chef-d'œuvre de l'art gothique. Enfin on ne peut contempler, tant à l'extérieur qu'à l'intérieur, une si riche, si élégante et si étonnante architecture sans éprouver une espèce de ravissement; on serait tenté de douter si c'est là réellement l'ouvrage des hommes : il semble qu'il a fallu une inspiration divine pour l'inventer et une main surnaturelle pour l'exécuter.

Les peintures. Mais l'ornement le plus remarquable et le plus généralement senti de notre cathédrale ce sont les magnifiques peintures qui en recouvrent la voûte et les murs dans toute leur étendue. Elles ne sont pas toutes de la même époque. Le vaste tableau à fresque du jugement et de l'enfer que l'on voit au fond de la nef, sur la surface circulaire des deux tours qui supportent le clocher, date, dit-on, de la fin du XIVme siècle ; on croit qu'il appartient à l'école de Gioto. Celles de quelques chapelles de derrière le chœur remontent les unes au commencement, les autres au milieu du XVme siècle (1).

Les peintures de la voûte, qui surpassent en mérite toutes les autres et qui retracent l'histoire de la religion sous la loi ancienne et la nouvelle, furent commencées par l'ordre de Mgr Louis d'Amboise, deuxième évêque de ce nom. Elles furent continuées sous Mgr Charles de Robertet, son successeur, et terminées seulement en 1512. On ne connaît point le nom des peintres qui les ont exécutées, mais on les attribue généralement à des artistes italiens dont les études s'étaient formées sans doute devant les fresques admirables dont l'école ombrienne avait doté la capitale du monde chrétien.

(1) *Monographie de la cathédrale d'Albi*, par M. H. Cr.. es.

Nous n'entreprenons point de les décrire : la plume la plus exercée sera toujours impuissante à rendre les beautés innombrables qu'elles contiennent, et surtout à donner une idée des impressions si multiples et si délicieuses qu'elles produisent.

Notre église n'est pas riche en vitraux. Elle ne possède que quelques restes dont la beauté fait regretter vivement ceux que la main du temps a détruits. Les vitraux de la fenêtre qui se trouve à l'extrémité orientale, à l'exception de sa rosace et de quelques autres dégâts produits par les coups de vent ou par la vétusté, semblent s'être conservés dans leur état primitif. Ils sont de toute magnificence; on y voit représentés les mystères du Rosaire; ils offrent une variété de dessins et de couleurs qui charme l'œil et qui s'harmonise admirablement avec les peintures aux mille nuances du monument (1). Sept fenêtres qui avoisinent celle-là et qui donnent sur le chœur, sont remplies aussi, jusqu'à la moitié de leur hauteur, de verres peints représentant des saints, des armoiries d'évêques, ou des plans d'architecture gothique; fragments bien précieux, que nous tenons du moins à conserver, si nous ne pouvons encore les compléter (2). Le jour mystérieux, à demi-voilé qu'ils laissent pénétrer dans l'intérieur et qui se reflète avec une douceur si exquise sur l'azur, sur les filets d'or et sur les rinceaux d'acanthe qui recouvrent les voûtes, donne à cette église un ton religieux et recueilli qui saisit les hommes les plus insensibles.

Les vitraux.

---

(1) Ces vitraux viennent d'être réparés par un artiste de la capitale, M. Antoine Lusson.

(2) Les vitraux des quatre fenêtres les plus rapprochées, à droite et à gauche, de celle dont nous venons de parler, ont été réparés aussi par le même artiste.

L'orgue.

L'orgue de Ste Cécile est un 16 pieds et l'un des plus complets que l'on connaisse en France. Il ne date que de 1735. Il est dû à la munificence de Mgr de la Croix de Castries, archevêque d'Albi. Christophe Moucherel, célèbre artiste en ce genre, en fut le facteur. Il a été réparé tout récemment (1) par les frères Claude, maîtres-facteurs, aux frais du gouvernement.

Cet instrument doit être considéré, non seulement comme un chef-d'œuvre d'harmonie, mais encore comme un des grands ornements de notre cathédrale. Deux des quatre tours qui soutiennent le clocher font une saillie de 2 mètres 40 centimètres dans l'intérieur de la nef; mais à la moitié de la hauteur du pavé à la voûte, et justement au niveau des galeries, elles font aussi une retraite de 2 mètres 40 centimètres; le vide que laissait entr'elles leur forme circulaire a été rempli par un arceau; la maçonnerie des reprises a été un peu échancrée; c'est dans ce local qu'on a disposé et que s'élève jusqu'à la voûte le grand buffet de cet orgue. Il présente une façade de 16 mètres 60 centimètres de largeur et de 15 mètres de hauteur; il est dans le style de la renaissance : de grandes et de petites tourelles terminées dans le bas par des culs-de-lampe ou soutenues par des cariatides, et surmontées de statues qui représentent, l'une, Ste Cécile avec une lyre et la palme du martyre dans ses mains; les autres, des anges tenant des instruments de musique avec la pose et l'expression qui leur conviennent : de belles moulures, des trophées de musique en relief, des trainées de fleurs, des grillages bien sculptés autour des encadrements qui supportent près de trois cents tuyaux de montre agréablement symétrisés, forment, tant au positif qu'au grand orgue, le décor de ce magnifique ouvrage. En général

(1) En 1841.

— 19 —

le buffet d'un orgue ne se lie pas à l'ensemble d'une église; il y produit l'effet d'un meuble placé dans un grand appartement; mais ici il est si heureusement conçu qu'il semble faire corps avec l'édifice; on dirait que sa structure est entrée dans le plan primitif de l'église, et, quand on se reporte à l'époque peu reculée où il a été construit, on ne peut se défendre d'un sentiment pénible en pensant qu'elle a existé plus de deux cents ans sans un ornement qui prête tant à son effet magique.

La chaire, placée dans la nef, est partie en stuc, partie en marbre. Elle fut construite en 1776 par deux artistes italiens, nommés Mazetti et Maderni. Elle est supportée par deux énormes cariatides enlacées dans des draperies jetées avec art. L'abat-voix est formé d'un groupe de nuages du milieu desquels un ange prend l'essor et semble dans son attitude tout aérienne et pleine d'expression annoncer à l'auditoire les volontés du Très-Haut. Cette composition n'est pas en rapport avec le style de l'église, néanmoins elle ne laisse pas que de fixer l'attention des admirateurs par ses formes nobles et hardies.

La chaire.

On ne peut presque faire un pas dans notre cathédrale sans fouler une pierre tumulaire; elles étaient même plus nombreuses avant ce temps, de douloureuse mémoire, où l'on ne respectait rien, pas même la cendre des morts; plusieurs lames de bronze, qui recouvraient des tombeaux, furent alors enlevées et fondues (1).

Pierres tumulaires.

---

(1) Lorsque, en 1831, on crut devoir remplacer, par un dallage en marbre, l'ancien parquet en bois de chêne qui était dans le chœur, on fit disparaître encore plusieurs pierres tumulaires où étaient inscrits les noms de divers personnages qui avaient été inhumés dans cette enceinte. Ce fut, sous tous les rapports, une faute très regrettable; on la reconnût plus tard, mais elle ne put être réparée.

Nous croyons pouvoir placer ici la réflexion que fait, au sujet des pierres

Les inscriptions, les signes héraldiques gravés sur celles qui restent encore rappellent ou des prélats ou de grandes familles ou des membres du chapitre diocésain. Elle ne possède cependant aucun monument funéraire remarquable; les hommes les plus célèbres qui y aient été inhumés et dont les noms puissent être cités sont : le cardinal Joffroi qui joua un si grand rôle sous le règne de Louis XI; Mgr Louis d'Amboise, premier évêque de ce nom, à qui l'on doit le chœur et le jubé, ainsi que le portique extérieur; Mgr Louis d'Amboise II et Mgr Charles de Robertet qui firent exécuter les peintures de la voûte. Le cœur de Mgr Hyacinthe Serroni, premier archevêque d'Albi, qui avait été chargé de plusieurs missions importantes sous le règne de Louis XIV et qui mourut à Paris, fut transporté dans cette église et déposé dans un tombeau particulier qui a été détruit en 1789. Un obélisque de marbre noir, appliqué sur les murs de l'une des chapelles, rappelle la mémoire de Mgr Quiqueran de Beaujeu, nommé à l'évêché de Mirepoix, et décédé à Albi quelques jours après son sacre qui avait eu lieu dans cette ville.

tumulaires en général, un auteur que nous avons déjà cité : « Le pavé
» même des églises gothiques, dit-il, n'offrait pas moins d'intérêt que le
» reste... Le peuple qui venait s'agenouiller sur ces pierres tumulaires, y
» trouvait de grandes leçons sur la fragilité de la vie, sur la préparation
» à la mort, sur l'éternité. L'accumulation des titres et des dignités, des
» écus blasonnés et des épitaphes, faisait ressortir avec plus d'éclat la vanité
» des grandeurs humaines et l'inexorable impartialité de la tombe. On a
» vu disparaître peu à peu de nos églises ce pavé à la fois historique,
» religieux et moral. Ah! du moins, conservons avec respect ce qui existe
» encore! ne brisons pas le petit nombre de pierres tumulaires échappées
» au marteau destructeur! ne les déplaçons même pas. Un tombeau n'est
» plus qu'un objet de vaine décoration ou de simple curiosité, s'il ne re-
» couvre les restes de celui dont il conserve le nom. Il n'est pas décent
» de jouer avec les tombeaux, et c'est manquer à ce qu'on doit aux morts
» que de les priver de la pierre qui les recommandait aux prières des fidèles.»
— *Archéologie chrétienne*, par l'abbé Bourassé.

A côté des parties les plus saillantes que nous ne faisons que signaler, il existe une infinité de beautés de détail dont nous ne parlons pas. La description complète de ce monument demanderait des volumes, et, quoiqu'on put en dire même, on resterait toujours au-dessous de la réalité. Sa réputation attire chaque jour une foule d'étrangers, d'artistes et d'amateurs; ils ne peuvent revenir de leur surprise et de leur étonnement, et ils avouent que ni les descriptions, ni les croquis, ni les lithographies les plus fidèles ne peuvent donner une idée de cette église; qu'elle doit être vue pour être jugée. M. de Chateaubriand, après l'avoir visitée, exprimait l'enthousiasme qu'elle lui avait inspiré en disant « qu'elle fait monument à part au milieu des plus belles » églises de la chrétienté : que ce n'est pas seulement » une église, mais un admirable musée. » M. Leclère, inspecteur général des bâtiments civils, qui est passé dans notre ville il y a environ six mois, dans le seul but d'en connaître la cathédrale, ne pouvait contenir son admiration pendant qu'il la visitait; il ne cessait de nous dire, avec l'accent du zèle et du plus vif intérêt : « Conservez! Conservez un si beau monument! »

<small>Insuffisance des descriptions.</small>

Cependant quelque saisissante que soit cette beauté d'ensemble, on ne tarde pas à s'apercevoir qu'elle est ternie par de nombreuses dégradations. A mesure que l'attention se fixe sur les détails, on a le cœur serré en voyant tant de niches vides, tant de statues mutilées, tant de clochetons décapités, tant de dentelures, tant de fleurons emportés, tant de sujets de peinture effacés. On déplore amèrement qu'il y ait des hommes qui ne sachent ni sentir, ni respecter les ouvrages du génie, et qu'ils se montrent plus prompts et plus puissants que le temps pour les détruire : le laps des siècles, en effet, a bien moins ravagé cet édifice que la main de l'homme.

<small>Dégradations</small>

Nous allons faire connaître les principales détériorations qu'il a subies, et indiquer les réparations ou restaurations qui nous paraissent les plus urgentes et les plus convenables.

<small>1°
Du maître-autel.</small>

Avant la révolution de 1789 cette église possédait un maître-autel d'une richesse et d'une magnificence extraordinaires; l'airain, l'or et l'argent massif entraient pour une grande part dans sa construction, qui était parfaitement en rapport avec l'architecture du chœur; mais à cette époque il fut détruit et enlevé par des hommes cupides autant qu'irréligieux. Celui qui existe aujourd'hui fut formé, il y a plusieurs années, de quelques débris de marbre, de briques et de pierres de grès; il est si chétif qu'il fait réellement mal à voir. Tous les étrangers sont frappés de la disparate qu'il présente au milieu d'une si magnifique enceinte. Le gouvernement, depuis 1830, a manifesté plusieurs fois l'intention d'accorder des fonds pour la construction d'un nouvel autel; mais tous les plans qui ont été dressés à ce sujet sont restés jusqu'ici sans exécution. Cet ajournement, fondé sans doute sur de bons motifs, est aussi pénible pour les amis des arts que pour les hommes qui aiment que la décoration des temples réponde à la majesté des cérémonies de la religion. Nous souhaiterions donc que le gouvernement, dans ses dispositions bienveillantes pour notre cathédrale, donnât suite au projet, conçu depuis longtemps, d'une restauration si convenable et si désirée.

<small>2°
De la chapelle de St Clair.</small>

A l'extrémité occidentale de la nef, entre les deux tours qui supportent l'orgue, et dans le massif du clocher, s'ouvre une chapelle qui porte le nom de St Clair, parce que Mgr le Goux de la Berchère la fit disposer, en 1699, pour recevoir les reliques de St Clair, premier évêque d'Albi. Elle a une largeur de 7 mètres 15 centimètres et une profondeur de 10 mètres 30 centimètres.

Elle est éclairée par deux ouvertures pratiquées dans les murs du clocher à l'aspect du nord et du midi. Les peintures qui la décorent, quoique bien inférieures à celles de la voûte de l'église, ont cependant du mérite. Mais pendant les troubles de 1789, elles furent ou entièrement effacées ou singulièrement dégradées. Sur le côté qui fait face à la nef, on a passé un badigeon gris sur lequel le pinceau de quelque ouvrier maçon a essayé de représenter des colonnes de marbre : idée qui est aussi détestable que son exécution. Sur les trois autres côtés, ainsi que sur les larges parois de l'arceau qui forme l'entrée, on a recouvert de plâtre divers endroits d'où l'enduit primitif a disparu, soit par l'effet des gros clous qu'on y avait enfoncés, soit au moyen d'autres corps destructeurs qu'on y avait brutalement appliqués. C'est un aspect qui fait éprouver une sensation pénible.

De plus, deux chapelles contiguës à celle-là et où se trouvent, dans l'une l'escalier du clocher, dans l'autre l'escalier de l'orgue, ont été toujours fermées, jusqu'à la moitié de leur hauteur, par un mur qui était peint comme le reste de l'église, et qui depuis très longtemps est recrépi d'un mortier brut et de couleur naturelle, ce qui produit encore un très mauvais effet. Nous pensons donc qu'il serait urgent de rétablir les peintures de ces deux murs, ainsi que celles de l'intérieur de la chapelle de St Clair. Si le gouvernement approuvait cette restauration, nous croyons qu'il pourrait se reposer sur notre surveillance pour la bonne exécution de ce travail; il est dans notre ville des hommes versés dans la connaissance des arts, dont le goût sûr et éprouvé dirigerait le pinceau de l'artiste qui serait chargé de l'entreprise; d'autant mieux qu'il s'agit ici, non de créer, mais principalement de saisir le caractère des anciennes peintures et de raccorder ce qui serait fait à neuf avec les fragments encore existants (1). Nous signalons ce besoin immédiatement après celui du maître-autel du grand chœur, parceque, depuis qu'une ordonnance épiscopale, en date du 30 décembre 1828, a réuni la paroisse au chapitre, les offices publics ont lieu à l'autel de cette chapelle, tous les dimanches et toutes les fêtes de l'année où Monseigneur l'Archevêque ne célèbre pas pontificalement, et qu'il est très fâcheux que les objets qui environnent un sanctuaire au pied duquel se presse si souvent un peuple nombreux et fidèle, se trouvent dans un tel état de ruine et de délabrement.

3º
Des peintures
de la voûte

Le dessus de la voûte, ou ce qu'on appelle ordinairement le *comble*, mérite une attention particulière. Il est habituellement mal tenu à cause de la grande quantité de débris dont il est surchargé. On recommande à quelque homme de l'art de visiter de temps en temps la toiture, afin de préserver la voûte de toutes les chûtes d'eau qui pourraient se produire. Mais, ou cette exploration se fait mal, ou il est très difficile, dans l'état actuel des choses, de reconnaître tous les écoulements irréguliers qui ont lieu. C'est, sans doute, à ce défaut de soin et de propreté que doivent être attribuées les nombreuses dégradations que l'on a la douleur de remarquer dans les peintures qui tapissent la surface intérieure des voûtes. Nous pensons donc qu'il est urgent de nettoyer ce *comble* et d'employer quelque moyen (2) qui mette à même de signaler la plus petite

(1) A l'époque où nous écrivions ces lignes, il se trouvait à Albi quelques peintres à fresque que l'on disait être d'un talent très remarquable.

(2) Ce moyen, M. César Daly l'a trouvé. Après avoir débarrassé le *comble* des immenses débris dont il était obstrué, il a fait construire sur toute l'étendue de la voûte, à l'estrados, des voûtins légers et solides tout à la fois qui forment comme une seconde voûte adhérente à la première, et qui, enduits avec soin d'un ciment imperméable et poli comme le stuc, mettent pour toujours les peintures de la voûte à l'abri de toute infiltration qui pourrait provenir de la toiture. C'est, à notre avis, une des réparations les plus utiles qui aient été effectuées.

goutte d'eau que le toit aurait laissé échapper. On ne peut que frémir, en des temps de grandes pluies, quand on pense qu'un si riche trésor de peintures ne se trouve qu'à quelques centimètres de sa perte!!.... On s'occupe en ce moment de demander une allocation de fonds pour changer le système de la toiture; il ne nous appartient point de juger de l'opportunité de cette mesure; c'est une question d'un intérêt grave : nous pensons que le gouvernement ne la résoudra qu'après un mûr et sérieux examen (1).

4º
Des peintures des chapelles.

Depuis le rétablissement du culte, les peintures des chapelles ont eu encore beaucoup à souffrir. Il n'en est presqu'aucune à laquelle on n'ait voulu toucher sous prétexte de l'embellir. Mais le mauvais goût ou la modicité des ressources ont fait employer des hommes inhabiles qui ont dégradé au lieu de décorer. En plusieurs endroits même, la couche de mortier que l'on a appliquée se trouve dévorée par le salpêtre et tombe chaque jour en poussière; tel est l'état surtout des chapelles de Ste Martianne, de St Laurens, de St Etienne, de St Yves, de St Loup, de St Michel et de St Louis. Cependant ce qui allège un peu la douleur que cet aspect fait éprouver, c'est que le pinceau des badigeonneurs n'a dépassé, presque nulle part, une ligne principale qui règne uniformément dans les chapelles tout autour de l'église; cette ligne est une corniche en peinture tracée à la naissance des voûtes; heureusement toute cette partie supérieure a été respectée et conservée dans son état primitif. Si donc un jour le gouvernement ordonnait une restauration générale, l'aspect de ces belles voûtes indiquerait aux artistes le caractère qu'ils devraient donner à leur ouvrage (2).

(1) L'ancien système de la toiture a été changé en effet par M. Daly, avec l'autorisation du gouvernement, et cette mesure a très bien réussi.

(2) C'est ce qui se pratique en ce moment, sous la direction de M. Denuelle,

Il y aurait encore une réforme bien convenable à opérer, ce serait de faire disparaître la plupart des tableaux dont les autels sont surmontés, et d'en substituer d'autres plus uniformes et dans la proportion de 2 mètres de haut et de 2 mètres 37 centimètres de large. Les chapelles dont les peintures n'ont pas été retouchées portent toutes des encadrements de cette dimension; d'ailleurs l'opinion générale des connaisseurs est que cette église n'est pas faite pour de grands tableaux, étant elle-même un vaste et immense tableau. Ceux qui existent sont d'abord d'un mérite très médiocre, et puis accolés aux murs sans grâce ni intelligence aucunes. Nous excepterions cependant de la mesure que nous proposons la chapelle de Notre-Dame du Rosaire, qui possède une statue de la Vierge, en bois doré, qui est d'un bon style; celle de St Loup où se trouve la statue du saint de ce nom; celles du Baptistaire et du St Crucifix, restaurées depuis quelques années, et la chapelle de Ste Marie Majeure, dont le décor date de la même année que la chaire dont nous avons déjà parlé. Une belle et grande statue de la Vierge, en marbre blanc, placée dans une niche du haut de laquelle rayonne une gloire embrasée, y domine l'autel. Six pilastres en marbre de Languedoc supportent une corniche en stuc de l'ordre ionique, et forment quatre grands encadrements remplis par quatre tableaux, dont deux représentent l'annonciation et l'assomption de la Ste Vierge, et les deux autres l'apothéose de Ste Cécile et l'invention de ses reliques; ce sont à peu près les seuls de notre cathédrale qui aient du mérite. Quelque riche, quelqu'élégante en elle-même que soit cette chapelle, on se contente de dire qu'elle est un bel hors-d'œuvre dans cette église.

peintre décorateur, aux petites voûtes qui couronnent les galeries du chevet de l'église.

— 27 —

Nous ne terminerons point cet article sans parler d'une chapelle en ruine qui est derrière le chœur, du côté du midi, et appelée anciennement *Notre-Dame-la-Noire;* elle est sans tableau; un vieux cadre seulement, en bois doré, surmonte un mauvais autel en maçonnerie qui fut construit, il y a plusieurs années, pour faire gagner quelques pièces d'argent à un pauvre ouvrier. De toutes parts les peintures et la couche de mortier se sont détachées des murs. Les assises de briques se montrent à nu jusqu'à la naissance de la voûte qui est bien conservée. Une chapelle en cet état serait affreuse partout, à plus forte raison dans un vaisseau où les arts ont, à l'envi, entassé tant de merveilles. Mais comme elle est la seule sur cette ligne qui n'ait point de fenêtre qui l'éclaire, l'obscurité voile un peu sa laideur, et ainsi elle passe inaperçue au milieu des beautés sans nombre qui l'environnent. Cependant une telle difformité doit réveiller le zèle des hommes voués à la conservation des monuments historiques.

Nous dirons un mot maintenant des dégradations dont les sculptures du chœur ont été l'objet. C'est sur ce chef-d'œuvre surtout qu'est empreint d'une manière sensible le passage du vendalisme révolutionnaire. Soixante-dix statues manquent à la façade du jubé du côté de la nef, savoir : douze de 1 mètre 40 centimètres aux niches les plus basses, qui sont la continuation de la galerie extérieure du chœur; quatre de 1 mètre 40 centimètres sur les piédestaux qui dominent le jubé; cinq de 1 mètre 35 centimètres, deux de 95 centimètres, seize de 40 centimètres à une des galeries intermédiaires; vingt-deux de 45 centimètres à une galerie inférieure; neuf dans les pendentifs et les ogives des ouvertures, dont cinq de 95 centimètres et quatre de 40 centimètres.

Il en manque encore trois de 60 centimètres sous le

5° Des sculptures du chœur.

jubé; trois de 40 centimètres au-dessus de la porte latérale du côté du midi, dans l'intérieur du couloir; douze de 28 centimètres sur les frontons des deux portes qui conduisent à la plate-forme du jubé; quatre de 45 centimètres sur la principale porte du chœur, à l'intérieur; douze à la niche qui forme le siège de Mgr l'Archevêque, dont sept de 35 centimètres, trois de 29 centimètres et deux de 16 centimètres; deux, en bois, de 28 centimètres sur les ouvrants d'une des portes latérales du chœur; et une enfin de 1 mètre 80 centimètres à la niche pratiquée dans la pyramide qui couronne l'arceau de la principale porte d'entrée, à l'intérieur. On sait que cette statue représentait Ste Cécile, et qu'elle avait été placée par les ordres de Mgr Charles de Robertet, évêque d'Albi, en 1510.

Parmi celles qui restent il n'en est presque aucune qui soit dans un état complet de conservation; aux unes il manque un pied, ou le nez, ou les deux avant-bras; aux autres, la légende ou les figures symboliques que l'artiste avait placées à leurs pieds ou dans leurs mains. Ce n'est pas tout, la plupart des pointes des clochetons étêtées : le délicieux réseau de dentelures qui s'étend partout, plus ou moins mutilé : les vignettes d'un travail inimaginable, qui sillonnent en tout sens cette étonnante architecture, brisées : la vive arête des arcs ou des pieds-droits écornée en beaucoup d'endroits: les nombreux écussons qui portaient les armes d'Amboise, raclés ou emportés; tel est le douloureux coup-d'œil qu'offrent le chœur et le jubé de notre église de quelque côté qu'on les considère. Cependant, nous sommes obligés de le redire, telle est la richesse de cette incroyable ornementation, telle a été la fécondité du génie qui l'a créée, que, malgré toutes ces dévastations, elle fait tomber encore comme en extase tous les admirateurs. Quel effet devait-elle donc produire aux temps où elle se montrait dans toute sa fraîcheur !

Nous pensons bien qu'il n'est pas possible de redonner à ce chef-d'œuvre son premier éclat; qu'il serait à craindre même, si on voulait le tenter, qu'on ne lui fît perdre son caractère d'antiquité. Mais nous croyons qu'on pourrait et qu'on devrait le réparer dans plusieurs de ses parties; ainsi ce qu'il y aurait de plus urgent et de moins dangereux à entreprendre, ce serait de rendre les statues aux niches qui les réclament le plus impérieusement; telles sont celles de la façade du jubé, du côté de la nef; telles encore celles des jambages de la porte principale du chœur et celles de la niche qui forme le siège archiépiscopal.

Les opinions sont divisées sur le mode à adopter pour l'exécution de ces figures. Les uns disent qu'il faudrait les sculpter en pierre comme les anciennes, les autres pensent qu'il suffirait de les mouler en terre ou en carton-pierre; nous partageons l'avis de ces derniers, par la raison qu'un homme qui aurait l'intelligence de l'art, trouverait des types assez variés dans le grand nombre des statues de toute dimension qui existent encore, et que, ce procédé étant moins long, moins dispendieux et aussi sûr pour l'effet que le premier, nous jouirions plus tôt du bienfait de cette restauration. Mais, pour conserver la vérité dans les arts, peut-être conviendrait-il de graver sur les nouvelles statues quelque inscription qui, sans être apparente, pût au besoin indiquer l'époque de leur formation (1).

6° De la grande porte d'entrée.

L'arcade de la grande porte d'entrée, à l'extérieur, est ornée de belles et gracieuses sculptures, mais on n'y voit plus les statues qui en décoraient les jambages;

---

(1) Aujourd'hui que nous connaissons les dispositions généreuses du gouvernement en faveur de notre cathédrale, nous nous rangeons de l'avis des premiers : nous désirons que les statues nouvelles soient en pierre sculptée comme les anciennes.

— 30 —

elles étaient placées sur deux rangs, au nombre de vingt, dans de grandes moulures concaves; elles avaient à peu près chacune 1 mètre 40 centimètres de hauteur. Les dais percés à jour, qui leur servaient de couronnement, existent encore dans un bon état de conservation.

7º Du portique.
Le magnifique portique qui domine cette entrée a éprouvé aussi plusieurs dégradations; la voûte en pierre ciselée qui unissait, à la moitié de leur hauteur, les quatre piliers pyramidaux qui soutiennent cette riche architecture, n'existe plus (1). Six grandes statues ont été emportées; plusieurs festons en saillie sont brisés; « la restauration de ce rare monument, disait M. Roma-
» gnési dans son rapport sur la cathédrale d'Albi, en date
» du 29 février 1832, me paraît de toute nécessité; peu
» d'ornements sont en mauvais état : il faudrait cepen-
» dant en refaire en quelques endroits; les statues man-
» quent; il est de la gloire nationale de ne pas laisser
» détruire de plus en plus ces chefs-d'œuvre qui ne
» se referont jamais (2). »

8º Du portail de Dominique de Florence.
Au bas des degrés qui conduisent à ce vaste porche, est le portail que fit construire Mgr Dominique de Florence, évêque d'Albi en 1379 et 1397. Malgré les dégradations qu'il a subies, il est encore très remarquable par les

---

(1) On doute si c'était une voûte complète, ou seulement deux grands arcs, croisés à leurs tiers-point et formant *arc de triomphe*. On voit les amorces de ces arcs bien marquées sur les quatre piliers qui supportent ce riche baldaquin; mais, sur les faces latérales et intérieures du carré qu'il décrit, on n'aperçoit rien qui indique qu'il ait existé là une voûte en plein; de plus, on lit dans la *Description naïve de l'église Ste Cécile*, 1684, par M. B. de Boissonnade, les paroles suivantes : « Ce porche, couvert ou plutôt
» couronné d'un *ciel-ouvert*, est borné de quatre pyramides disposées à ses
» quatre angles. »

(2) On travaille actuellement à cette restauration. Elle a été confiée à M. Léon-Joseph Nelli, sculpteur distingué.

sculptures qui restent. Mais quinze ou dix-huit grandes statues, qui en faisaient le plus bel ornement et dont les noms sont cités dans une ancienne chronique (1), ont disparu. Si ces statues ne peuvent être encore remplacées, il faudrait au moins prendre des mesures pour conserver aux arts ce qui nous reste de cette belle antiquité.

L'escalier qui unit ce portique au portique supérieur réclame de notre part quelques observations que le gouvernement, nous osons l'espérer, voudra bien prendre en considération. Cet escalier se composait primitivement de 50 degrés en une seule volée; son inclinaison était si heureusement conçue qu'on le montait sans la moindre peine ni la moindre fatigue; on arrivait jusqu'au bout comme par enchantement, et avec les yeux constamment fixés sur les ravissantes sculptures qui dominent la plate-forme; cette disposition avait été si bien appréciée que, dans la *Description naïve* dont il a été parlé plus haut, il en est fait mention en ces termes :

« .... Un vaste et large degré de 50 marches, de la
» même pierre grisâtre et solide de quatre ou cinq
» doigts de hauteur chacune, qui font la montée si
» douce, à prendre même de la rue, jusqu'à son grand
» et beau porche qui est au bout d'en haut, qu'on
» peut dire de ce beau degré formant le vestibule de
» cette belle église, par où l'on commence de prendre
» une noble et grande idée de ses beautés, ce qu'un
» auteur ingénieux et pieux tout ensemble a dit de
» quelques collines dans la paraphrase du *Benedicite*
» *omnia opera domini Domino* : QU'ON Y MONTE AVEC UN
» TRAVAIL PLUS DOUX QUE N'EST LE REPOS MÊME. »....

Par suite de quelques projets qui furent présentés au

9° De l'escalier.

---

(2) *Description naïve*, citée dans une des notes précédentes.

gouvernement, dans le but d'obtenir l'autorisation de faire subir à notre église des transformations plus ou moins inconvenantes, M. Vitet, inspecteur général des monuments historiques, fut chargé de se transporter sur les lieux pour constater l'état et la disposition de cet édifice. Le rapport si judicieux qu'il présenta, après cette visite, au Conseil des bâtiments, le 6 mai 1834, et la décision qui fut prise par le Conseil dans la même séance, prouvent qu'il aurait fallu faire à l'escalier dont il s'agit les réparations qu'il pouvait exiger, sans lui faire perdre sa disposition primitive. Cependant, malgré des déclarations aussi précises, il a été entièrement refait sur un nouveau plan, en 1837 et 1838. On l'a maintenu, il est vrai, en une seule volée, mais le nombre des marches a été réduit : on n'en compte aujourd'hui que 33. Dans cet état, *il est d'une montée et d'une descente difficile, dangereuse même pour porter les cercueils* dans les cérémonies funèbres, *ainsi que le dais du St Sacrement et les statues des saints* (1) aux jours de procession ; nous ne faisons pas mention de quelques autres inconvénients.... Aussi cette réparation excita-t-elle un mécontentement général.

Cet ouvrage est d'une trop fraîche date, sans doute, pour oser espérer qu'on s'occupe si tôt de le refaire. Mais, si jamais on le retouchait, on devrait le rétablir 1° dans ses anciennes proportions : les murs de l'église en portent encore l'empreinte; 2° en une seule volée, d'abord parceque, comme l'a observé le Conseil des bâtiments, *cette disposition est d'un effet plus noble et plus majestueux,* ensuite parceque l'introduction des paliers, dans une descente si souvent pratiquée la nuit par

---

(1) Ce sont les expressions dont se servait un ancien architecte du département du Tarn, dans le mémoire qu'il adressait au gouvernement pour obtenir l'autorisation de recoustruire cet escalier.

des flots de peuple, au sortir des offices divins, occasionnerait des hésitations, des incertitudes dangereuses pour le placement des pieds; tandisque, quand on sait que toutes les marches sont uniformes, une fois que l'on a saisi la première on parcourt aisément et avec assurance toutes les autres, quelque nombreuses qu'elles puissent être.

Le système d'isolement que l'on a voulu appliquer à notre cathédrale, comme à plusieurs autres églises de France, lui a été nuisible à quelques égards (1). Sous prétexte de faire ressortir la beauté de ses formes, on a enlevé à ce monument les constructions adhérentes qui lui donnaient un caractère plus imposant. Aujourd'hui à la place des bâtiments de l'ancienne trésorerie du chapitre, d'un ancien cimetière en terrasse qui était si pittoresque, de ces murs flanqués de tours qui le soutenaient et qui s'harmonisaient si bien avec l'église, on voit un plateau qui présente l'aspect d'une ruine (2). Par suite même de ces démolitions, les fondements du portique furent tellement sapés, démentelés, que si, d'après l'avis du Conseil des bâtiments, l'on ne s'était empressé de les consolider par un large empâtement, ce chef-d'œuvre de sculpture semblait menacé d'une destruction prochaine. De plus, depuis que l'on a opéré ce dégagement l'intérieur de l'église n'est presque plus supportable en hiver, tandis qu'elle était renommée au-

10° Isolement de l'église.

---

(1) Nous admettons, au sujet de cet isolement, les exceptions contenues dans la note que nous empruntons à la *Monographie*, page 74, 3me édition, par M. H. Crozes : « Nous n'entendons parler que de la destruction des édi-
» fices qui étaient une dépendance des anciennes cathédrales, tels que les
» cloîtres, les péristyles, les porches, etc., et non des habitations parti-
» culières adossées aux églises, contrairement aux canons et aux règles de
» l'architecture. »

(2) Ce plateau, depuis le commencement des travaux, est occupé par le chantier de construction.

paravant pour sa douce température dans la saison la plus rigoureuse. Elle a beaucoup perdu aussi de son recueillement ; le bruit qui se fait à l'extérieur vient souvent troubler la prière des fidèles, ou se mêler à la voix du prêtre qui est en chaire. Chaque jour, les dimanches surtout, des groupes d'enfants se forment dans les espaces qui ont été livrés au public, et là, pour eux, un des jeux les plus intéressants c'est de lancer des pierres contre les vitraux de l'église. Tous les ans, quand on les répare, on les trouve pour ainsi dire criblés, et plusieurs panneaux sont à refaire presque en entier. Heureusement les vitraux peints qui nous restent ne sont pas placés dans cette partie de l'édifice ; s'il en eût été autrement, nous aurions été obligés d'établir des treillis en fil de fer pour arrêter ces destructions.

Conclusion. Telle est la réponse que nous avons cru devoir donner, en ce qui concerne la cathédrale d'Albi, à la circulaire de Son Excellence M. le Ministre de la justice et des cultes, en date du 10 août 1841. Nous souhaitons en avoir bien saisi le sens et suffisamment atteint le but ; si nous n'y avons pas réussi, du moins les renseignements qui font la matière de ce Rapport pourront être considérés comme pleins d'exactitude. Nous n'avons rien dit au hasard : ce qui nous a paru douteux, nous ne l'avons pas avancé comme certain. Nous nous sommes tenu en garde aussi contre les écarts de l'imagination : nous avons pris, pour ainsi dire, les choses sur le fait ; nous avons voulu que l'on connût cette église, qu'on la vît, en quelque sorte, en lisant ce Rapport. Les idées que nous suggérons pour ses restaurations sont puisées dans le sentiment profond que nous avons de ce monument. Puissent-elles se réaliser ! Puisse cette admiration universelle, qu'il ne cesse d'inspirer, ne pas rester toujours stérile ! Nous osons l'espérer sous un gouvernement qui protège d'une manière spéciale tous les chefs-d'œuvre de l'art que les siècles nous ont légués, et qui se montre si magnifique dans les dépenses que leur restauration et leur conservation peuvent réclamer. Plusieurs cathédrales de France ont déjà ressenti les effets de ses dispositions généreuses ; nous voulons croire que la nôtre deviendra aussi, à son tour, l'objet de son bienveillant intérêt, et qu'elle pourra se glorifier un jour d'avoir eu une large part à ses faveurs (1).

---

(1) Ces vœux commencèrent à se réaliser en 1850, alors que Napoléon III n'était encore que Président de la République. C'est le 8 mars de cette même année, qu'eut lieu et que fut approuvée, par Son Excellence M. le Ministre de l'instruction publique et des cultes, l'adjudication des travaux à exécuter à notre cathédrale, d'après les plans et les devis présentés par M. Daly. Depuis cette époque, le gouvernement n'a cessé d'allouer, tous les ans, des crédits considérables en faveur de cette église. Le total des crédits ouverts et dépensés jusqu'à ce jour forme déjà une somme de 602,500 francs.

N. B. Les personnes qui voudront avoir des détails plus étendus, plus scientifiques et plus intéressants sur cette église, devront lire le remarquable ouvrage publié, à ce sujet, par M. H. Crozes et qui est intitulé : *Monographie de la cathédrale d'Albi*.

www.ingramcontent.com/pod-product-compliance
Lightning Source LLC
LaVergne TN
LVHW021707080426
835510LV00011B/1629